Cinema, televisão e história

Coleção **PASSO-A-PASSO**

CIÊNCIAS SOCIAIS PASSO-A-PASSO
Direção: Celso Castro

FILOSOFIA PASSO-A-PASSO
Direção: Denis L. Rosenfield

PSICANÁLISE PASSO-A-PASSO
Direção: Marco Antonio Coutinho Jorge

Ver lista de títulos no final do volume

Mônica Almeida Kornis

Cinema, televisão e história

ZAHAR

Capa
Sérgio Campante

CIP-Brasil. Catalogação na fonte
Sindicato Nacional dos Editores de Livros, RJ

K87c Kornis, Mônica Almeida, 1952-
Cinema, televisão e história / Mônica Almeida Kornis. — 1ª ed. — Rio de Janeiro: Zahar, 2008.
(Passo-a-passo; 86)

Inclui bibliografia
ISBN 978-85-378-0100-0

1. Cinema e história. I. Título. II. Série.

08-3080 CDD: 791.43658
CDU: 791.43

EDITORA SCHWARCZ S.A.
Praça Floriano, 19, sala 3001 — Cinelândia
20031-050 — Rio de Janeiro — RJ
Telefone: (21) 3993-7510
www.companhiadasletras.com.br
www.blogdacompanhia.com.br
facebook.com/editorazahar
instagram.com/editorazahar
twitter.com/editorazahar

FSC
www.fsc.org
MISTO
Apoiando o manejo florestal responsável
FSC® C128038

A marca FSC® é a garantia de que a madeira utilizada na fabricação do papel deste livro provém de florestas que foram gerenciadas de maneira ambientalmente correta, socialmente justa e economicamente viável, além de outras fontes de origem controlada.

Esta obra foi composta por TopTextos Edições Gráficas em Minion e Frutiger e impressa em processo sob demanda pela Um Livro sobre papel offset para a Editora Schwarcz a partir de 2024

Sumário

Introdução

"Cinema e história" tornou-se, nos últimos tempos, sinônimo de campo de estudos inovador nas ciências sociais e humanas. Um campo de estudos talvez mais comentado e aceito como relevante do que pensado na sua complexidade e nos seus desafios enquanto espaço de reflexão necessariamente interdisciplinar. A designação "cinema e história" nos remete ao livro de título homônimo de Marc Ferro, historiador francês cujos trabalhos alcançaram notoriedade e fizeram escola não só na França, mas também em outros países, como o Brasil. Com isso, a associação desse campo de estudos à figura de Marc Ferro torna-se ainda mais imediata. Já o binômio "televisão e história" não chegou a se constituir um campo de estudos com a mesma notoriedade, apesar da volumosa produção seriada televisiva centrada na reconstrução do passado e da importância do telejornalismo como registro da história há mais de 50 anos, em escala mundial — além do incontestável poder desse veículo na vida contemporânea.

Estudos sobre a relação entre cinema e história não são, contudo, tão recentes como podem parecer à primeira vista.

Pelo contrário, nasceram com o próprio cinema, no final do século XIX. Nessa época, pessoas ligadas à produção de filmes reconheciam não só o fato de a história estar sendo registrada por esse novo meio, mas também o caráter educativo nele contido, o que as levou a pensar na importância da preservação desses materiais.

Assim, o fato de o chamado "primeiro cinema" consistir exclusivamente numa sucessão descontínua de registros visuais não impediu que, desde os seus primórdios, o cinema fosse pensado enquanto fonte de conhecimento da história. Não eram filmes tais como vemos hoje. Tratava-se de uma sucessão de quadros entrecortados por letreiros, com uma câmera fixa que, no máximo, girava sem perder o ponto de base. Sem desenvolverem uma história com começo, meio e fim, esses filmes exibiam povos e territórios longínquos e acontecimentos variados, tornando-se ainda instrumentos de investigação científica e atração nas feiras universais que celebravam as novidades técnicas. Eram de curta duração e muitos continham também situações humorísticas, lutas de boxe, mágicas, além de cenas da vida familiar. Não havia cenários realistas: as indicações de locais se faziam por painéis e objetos pintados. Não havia tramas, no que se diferenciavam da narrativa dramática que viria a ser utilizada um pouco mais tarde, nos moldes operados em grande parte até hoje pela indústria do cinema e da televisão. Derivado de formas populares de cultura, como o circo e a pantomima, o cinema dos primeiros tempos se firmava na tradição de um espetáculo popular, de grande vitalidade no século XIX.

O cinema multiplicou seus recursos de representação e, a partir da década de 1910, o êxito de sua produção industrial trouxe consigo filmes voltados para a reconstrução do passado histórico e concebidos no padrão do chamado *cinema narrativo*. Por outro lado, as vanguardas artísticas européias experimentavam novas formas de fazer cinema. Na Rússia, em particular, foram produzidos filmes sobre a história do país cuja concepção estética se inseria no contexto das transformações políticas e sociais que tomavam conta da sociedade em sua fase pós-revolucionária. O cinema demonstrava, assim, um poder não só de registrar o presente, mas também de contar a história segundo diferentes formas. Muitas décadas mais tarde, a televisão viria experimentar a possibilidade de, para além do registro do presente e em diversos formatos, produzir uma programação igualmente voltada para a recuperação do passado.

Esse breve painel demonstra a vitalidade das discussões em torno da linguagem do cinema já em suas primeiras décadas — do cinema industrial ao cinema experimental, antecedidos por um momento inicial de registros visuais descontínuos. Tal constatação confirma nossa perspectiva sobre a impossibilidade de pensarmos as relações entre cinema e história distantes do debate em torno da teoria e linguagem cinematográficas. Historicamente, é possível supor como essa discussão se aprofundou ao longo de mais de um século, em meio à produção de uma enorme quantidade de filmes e de programas televisivos, em escala mundial, com diferentes concepções estéticas.

Filmes e programas de televisão são, por sua vez, documentos históricos de seu tempo, inclusive os títulos cujo conteúdo volta-se para o passado, uma vez que são produzidos sob um olhar do presente. Recuperar a historicidade das questões que envolvem a relação entre narrativas audiovisuais e história é, assim, o objetivo deste livro, que procura demonstrar os vários caminhos trilhados por um debate freqüentado por realizadores de cinema e televisão, críticos da linguagem audiovisual, historiadores e cientistas sociais e marcado por visões diferenciadas de história, cinema e televisão. Essa perspectiva destaca como a linguagem audiovisual, ao longo de todo esse tempo, construiu formas de representação e de reconstrução do passado em contextos históricos diversos e segundo diferentes concepções estéticas. Sem a pretensão de esgotar o tema, o interesse deste livro é apontar as grandes linhas do debate sobre as articulações entre narrativas audiovisuais e a construção de uma escrita da história dentro de uma ótica interdisciplinar.

Na primeira seção, a discussão sobre a natureza das imagens em movimento visa à compreensão de suas especificidades enquanto representação da realidade e do passado. O debate sobre as relações entre cinema e história numa perspectiva histórica será abordado na segunda seção. Na terceira, privilegia-se o exame de questões referentes à escrita da história pelo cinema e equacionadas tanto pelo cinema narrativo clássico quanto pelos movimentos de ruptura com essa linguagem. Não há, contudo, a intenção de descrever a filmografia de conteúdo histórico nem de construir uma tipologia sobre o que foi realizado.

A escrita da história pela televisão se integra a esse exame, considerando que a linguagem audiovisual inventada pelo cinema foi incorporada de forma eficaz por esse poderoso meio de comunicação de massa. Produtora de uma farta programação ficcional, a televisão seguiu os passos do cinema em seu formato narrativo clássico para criar ilusionismo sobre a realidade e a história. O eixo central da reflexão aqui proposta dirige-se predominantemente para a produção ficcional, o que não significa minimizar a importância dos documentários, nem considerá-los como filmes "naturalmente" mais "verdadeiros". Pelo contrário, o percurso desse cinema é bastante rico, inclusive nas tensões entre a pretendida revelação e o evidente caráter de representação do real, presente tanto em seus mais diferentes estilos e técnicas quanto nas discussões teóricas em torno do tema, com óbvios reflexos nos títulos voltados para reconstituições históricas.

Imagens em movimento: um lugar — especial — de memória

O registro visual, advindo da fotografia na primeira metade do século XIX e posteriormente do cinema, trouxe a possibilidade de transformar o momento fotografado e/ou filmado em documento histórico, criando para as gerações futuras a ilusão de, diante dessas imagens, estarem frente a um registro fiel de uma dada realidade. O ato de fotografar contém uma idéia de passado, considerando que o resultado do clique fotográfico é o presente imediatamente transformado em passado, fundamento do próprio ato fotográfico sintetizado pela expressão "isso foi" do filósofo e semiólogo francês Roland Barthes. Na mesma condição de imagens analógicas, produzidas pela intermediação de uma câmera que reproduz o real, estão as primeiras imagens animadas exibidas no final do século XIX — tanto a chegada do trem na estação ferroviária quanto a saída dos operários de uma fábrica — realizadas pelos pioneiros do cinema, os irmãos Lumière. Elas podem ser entendidas naquela mesma direção: expressam simultaneamente presente e passado.

As inúmeras situações identificadas como de importância histórica, sobretudo acontecimentos de caráter político, passariam a ser crescentemente registradas não só para contar "como é", mas também na perspectiva de um "como foi", um testemunho do presente e do passado. As novas tecnologias de representação da realidade se incrementariam e a televisão viria estreitar ainda mais essas temporalidades. Hoje temos o sentimento de que a história acontece neste exato momento, dado o acesso à informação sobre todo e qualquer acontecimento no instante em que se desenrola. O atentado às Torres Gêmeas do World Trade Center, em 11 de setembro de 2001, na cidade de Nova York, visto em todo o mundo enquanto ocorria, é paradigmático desse fenômeno.

Assim, até hoje, documentar e registrar a realidade através do cinema e, posteriormente, da televisão tornou-se uma prática corrente, da ficção ao documentário, do telejornalismo à ficção seriada televisiva. Por sua própria natureza, contudo, a escrita do cinema e da televisão possui uma dimensão muito particular, qual seja a de constituir-se simultaneamente enquanto revelação e construção. Diante da realidade, existem uma escolha, pontos de vista, montagem e mise-en-scène. Nesse movimento, ao longo de mais de um século de cinema e quase 60 anos de televisão, a realidade foi e é criada e recriada a todo o instante, de várias formas, por vários agentes, por diversos gêneros estéticos e numa infinidade de situações. Essa observação serve aqui tão-somente para afirmar a especificidade desses meios, os quais, ao transformarem o presente em documento histórico e reconstruírem o passado em narrativas de caráter histórico, estabelecem um recorte do real segundo diferentes pontos de vista. Essa constatação nos coloca diante da necessidade de entender *como* se estrutura um filme ou um programa de televisão para além do próprio conteúdo, inclusive o dos telejornais.

Já com o advento da fotografia — e sobretudo quando ela passa a ser mais difundida, a partir da segunda metade do século XIX — iniciava-se a discussão acerca da crença na autenticidade da imagem reproduzida mecanicamente, em meio à ilusão de que ela se constituía num registro que captava o real tal como ele se apresentava. Diante de uma imagem analógica, discutia-se a mediação processada pela câmera entre o olho que vê e a realidade, terreno de reflexão que viria a se adensar quando entrou em cena o cinema.

A impressão de realidade propiciada pelo cinema contém ainda um elemento central, que é dado pelo movimento e através do qual é construída uma ilusão de realidade ainda mais possante que na fotografia. Na relação específica com a história, trata-se da ilusão de estarmos diante dela tal como se desenrolou. Essa é a situação vivida pelo espectador, tanto na sala escura do cinema quanto no espaço doméstico que abriga a televisão. Por essa razão, permito-me acrescentar a palavra "especial" ao título desta seção, que toma de empréstimo a consagrada expressão "lugar de memória" do historiador francês Pierre Nora. O cinema e a televisão poderiam ser, assim, considerados "lugares especiais de memória", por trazerem *movimento* ao registro analógico, adensando o parecer ser real. Destacar a especificidade do registro audiovisual é fundamental para começarmos a entender a singularidade do trabalho com cinema e televisão e, no caso aqui proposto, das relações entre esses meios e o conhecimento da história por eles propiciado.

A partir do século XX, os filmes e os programas de televisão adquiriram crescentemente o estatuto de fonte preciosa para a compreensão dos comportamentos, das visões de mundo, dos valores, das identidades e das ideologias de uma sociedade ou de um momento histórico. Em seus vários registros, representaram de uma forma particular esses temas, a partir de diferentes gêneros e formas estéticas que dão sentido a um determinado conteúdo. Analisar a reconstrução histórica por meio dessas escritas significa reconhecer essa mediação que, em última instância, nos remete ao fato de que tanto o cinema quanto a televisão possuem uma linguagem que deve ser desvendada. Daí a importância de se trabalhar com o binômio *revelação/construção* na relação entre cinema/televisão e história: essa é a forma de negar todo e qualquer tipo de naturalidade a esses registros, entendendo-os em sua complexidade e historicidade.

Por outro lado, a história no cinema e na ficção seriada televisiva possui um grande poder de atração para o espectador. No cinema, ela está presente na própria construção da narrativa clássica, desde os anos 1910, quando D.W. Griffith realiza *O nascimento de uma nação* (1915). As reconstruções de época na ficção cinematográfica e televisiva — incluindo os modos de vida, o comportamento, o vestuário e a arquitetura, por exemplo — são bem-vindas quanto maior for a verossimilhança e quanto maior for a capacidade de o filme ou capítulo de uma ficção televisiva convencer o espectador de que ele está diante de um passado tal como este aconteceu. Para além das narrativas audiovisuais há um gosto do público pelo passado, expresso na construção de parques temáticos; no sucesso, no mundo editorial, das biografias; na popularidade de programas e/ou canais de televisão voltados exclusivamente para a exibição de documentários históricos. É o caso do programa "Histoires parallèles", apresentado por Marc Ferro nos anos 1990, no canal Arte da televisão francesa, e do canal norte-americano The History Channel, dedicado à história.

Uma outra dimensão importante da relação entre narrativas audiovisuais e história está no poder de atração daquelas para a atividade didática. Essa vocação, apontada desde o final do século XIX, não deve ser entendida como natural, como se um filme e/ou programa de televisão pudessem ser utilizados como fontes históricas sem a compreensão de sua linguagem e de todos os tipos de escolha feitos por seu realizador, além do próprio contexto histórico que os produziu. Não existe um conteúdo independente de como ele é narrado e, por essa razão, a valorização do conteúdo nas narrativas audiovisuais pouco explica a natureza da fonte. O historiador pode atuar como realizador ou consultor de filmes e/ou ficção televisiva sobre o passado — e existem várias experiências nesse sentido —, mas isso não garante um conhecimento mais verdadeiro do passado histórico. E isso é válido tanto para a ficção quanto para o documentário. Esses lugares de memória, como quaisquer outros, merecem análises críticas acerca de sua construção. Vejamos, pois, como as relações entre cinema, televisão e história foram entendidas ao longo do tempo, procurando examinar, sobretudo, dentro de que parâmetros se estabeleceram. Acompanhar os passos sobre como foi e é percebida até hoje a escrita da história pelo cinema e pela televisão é exatamente o objetivo central deste livro. Falar em escrita significa considerar o filme e/ou programa de televisão como algo produzido segundo uma forma que determina a constituição de seu conteúdo.

O documento "filme" e o debate sobre cinema e história

Os primeiros registros dos quais se tem notícia sobre o reconhecimento do filme como documento histórico não partiram de historiadores. Em 1898, no texto "Une nouvelle source de l'histoire: création d'un dépôt de cinematographie historique", o câmera polonês Boleslas Matuszewski, que trabalhou com os irmãos Lumière, não só reconheceu a importância do filme enquanto documento histórico como destacou sua relevância no ensino, demonstrando ainda preocupação com a criação de depósitos de guarda para esse material. A atualidade inequívoca dessas constatações não deve, no entanto, nos afastar de um questionamento sobre o tipo de documento ali contido nem sobre as bases que fundamentam a idéia do filme como instrumento didático.

Matuszewski defendia o valor da imagem cinematográfica como testemunho ocular, verídico e infalível, capaz de controlar a tradição oral. Para ele, embora o cinematógrafo não pudesse registrar a história integral, ao menos fornecia algo incontestável e verdadeiro. Destacava a importância do filme para o ensino, apesar de admitir que o fato histórico não necessariamente ocorre onde se espera. Na defesa da natureza autêntica, exata e precisa da fotografia animada, Matuszewski foi ainda mais adiante ao pretender criar um "depósito de cinematografia histórica" que, a seu juízo, deveria ser organizado a partir da seleção dos eventos importantes da vida pública e nacional considerados de interesse histórico.

Ele julgava que o evento filmado era mais verdadeiro que o fotografado, na medida em que a fotografia admitia retoques, além de o movimento do filme permitir uma série de outras informações. Defendia, ainda, a criação de um comitê competente para a apreciação dos documentos, capaz de discernir quais seriam recebidos por uma instituição de guarda. Ao evocar sua condição de fotógrafo do imperador da Rússia, Matuszewski revelava sua noção sobre documento histórico: era aquele de valor social e político que continha interesse histórico.

O uso das imagens no ensino passaria a ser considerado na primeira década do século XX. Nesse momento, o historiador francês Charles Seignobos destacava a importância das imagens no aprendizado da história. Recentemente, outro historiador francês, Christian Delage, afirmou que essa proposta teve lugar quando o cinema foi introduzido no Lycée Hoche de Versailles como apoio aos cursos de história, somando-se a uma prática de trabalho com imagens fixas exercida em outra escola desde meados do século XIX.

Nessa época, a concepção do filme enquanto registro infalível correspondia ao valor concedido à fotografia como espelho do real. Da mesma forma, havia uma crença no documento-filme em função de sua capacidade mimética de reprodução da realidade, intensificada pela existência do movimento. Assim como a fotografia, era privilegiado por sua função documental, uma vocação quase natural, intrínseca ao próprio meio. Seguia essa perspectiva a atenção dada no Congresso Internacional das Ciências Históricas, realizado entre 1926 e 1934, à preservação de filmes em arquivos. O foco dirigia-se aos filmes de atualidades, mais tarde denominados cinejornais, pela noção de que seu material estava livre da influência pessoal de seus realizadores, sendo, por isso, mais fidedigno aos fatos.

A publicação, em 1947, do livro *De Caligari a Hitler*, do jornalista alemão e teórico do cinema Siegfried Kracauer, trouxe uma percepção distinta das relações entre cinema e história. Ao trabalhar sobre o cinema alemão a partir dos anos 1910, o autor argumentava que o cinema expressionista refletia os anseios da sociedade alemã da década de 1920, prenunciando a ascensão do nazismo. Num movimento de valorização do filme de ficção, ele estabelecia uma relação direta entre o filme e o meio que o produzira. Identificado com uma concepção realista de cinema, Kracauer acreditava ainda que este se distinguia das artes tradicionais por ser fiel à realidade de uma época: como a fotografia era sua matéria-prima, o cinema era o único instrumento capaz de registrar a realidade sem deformá-la. Kracauer relacionava a tarefa do historiador à do fotógrafo, considerando que ambos deviam examinar meticulosamente os detalhes e os fatos objetivos. A imaginação do historiador, tal como a do fotógrafo, devia ser usada para servir aos fatos.

A identidade entre mentalidade e realidade/filme presente na visão de Kracauer veio a ser questionada mais tarde. O francês Pierre Sorlin, historiador e professor de cinema, procurava relativizar tanto a verdade trazida pela fotografia quanto a relação harmônica entre filme e público, a partir de homologias entre os filmes e o meio que lhes dá origem. Predominaria aí a idéia de que os cineastas não copiam a realidade, pois, ao transpô-la para o filme, revelam seus mecanismos, mantendo-se assim a noção do cinema enquanto instrumento de revelação de uma determinada mentalidade.

Ao longo da década de 1950, sobretudo na Inglaterra e na Alemanha, um número maior de historiadores passou a reconhecer nos filmes um valor histórico. Por essa época, o documentarista inglês Arthur Elton defendeu a importância do estudo dos filmes de ficção e dos documentários, nivelando-os ao estudo dos hieroglifos e dos pergaminhos. Essa constatação não implicou uma análise mais aprofundada sobre as relações entre cinema e história, apesar da observação do historiador alemão Fritz Terveen de que o filme só seria aceito como documento histórico na medida em que se desenvolvesse uma metodologia baseada no princípio da tradicional crítica às fontes históricas.

Em resumo, o reconhecimento do valor documental do cinema entre os historiadores se ateve, ao longo de todo esse tempo, à identificação da imagem por ele produzida com a verdade obtida pelo registro da câmera. Prevalecia, dessa maneira, a mesma visão de Matuszewski, formulada no final do século XIX, nos primórdios do cinema. E sem que os debates travados sobre a linguagem cinematográfica ao longo do século XX — da produção industrial à experimental — extrapolassem o domínio dos teóricos do cinema e dos cineastas. A escrita da história pelo cinema não constituía um problema para os historiadores, mais voltados para o registro dos fatos considerados de valia para a história.

Foi a partir da década de 1960 que as questões de ordem metodológica sobre a relação entre cinema e história passaram a ser discutidas no campo historiográfico, em função, sobretudo, da ampliação do significado do termo "documento". "Há que tomar a palavra 'documento' no sentido mais amplo, documento escrito, ilustrado, transmitido pelo som, pela imagem ou de qualquer outra maneira", dizia o historiador francês Charles Samaran em 1961. O debate, que teve lugar no campo da reflexão da história nas décadas de 1960 e 1970, ressaltou exatamente a importância da diversificação das fontes a serem utilizadas na pesquisa histórica, e o cinema surgiu com destaque nesse contexto. O movimento de renovação da historiografia francesa denominado "nova história" teve como uma de suas mais importantes características a identificação de novos objetos e novos métodos, contribuindo para uma ampliação quantitativa e qualitativa dos domínios tradicionais da história. Nesse contexto, a chamada história das mentalidades desenvolveu todo um campo de investigação voltado para o estudo e a explicação das sociedades por meio das representações feitas pelos homens em determinados momentos históricos.

Segundo o historiador francês Michel Vovelle, a iconografia apareceu como fonte privilegiada sobretudo no domínio da história das mentalidades. Por outro lado, os estudos sobre o imaginário passaram a destacar a importância de se dar um novo tratamento aos documentos literários e artísticos, negando a idéia de que estes fossem meros reflexos de uma época. Em poucas palavras, todo esse movimento renovador relativizou o domínio quase soberano da fonte escrita e propôs o tratamento dos documentos em função das reflexões específicas que lhes eram dirigidas. Embora não desenvolvesse um pensamento mais profundo sobre a relação entre história e cinema, Vovelle defendia que o filme podia ser considerado um documento histórico. Desse modo, saudava a aproximação dos historiadores com a semiologia e a psicanálise como forma de ampliar seu campo de investigação e proceder a uma renovação metodológica.

Essa tomada de posição revelava uma sintonia com um movimento muito mais amplo de reavaliação dos valores culturais e estéticos que teve lugar em vários campos do conhecimento e na própria sociedade naquelas décadas. No campo da história, o francês Jacques Le Goff, um dos mais importantes nomes dessa renovação, inspirou-se no filósofo francês Michel Foucault para desenvolver seu questionamento sobre a noção de documento histórico, apontando para a necessária desmontagem do documento enquanto monumento. É possível pensar numa correspondência entre a discussão em torno do caráter de verdade contido no documento histórico e os estudos sobre a natureza da imagem. Estes também questionavam, naquele momento, o discurso da mimese e da transparência das imagens fotográfica e cinematográfica — o que implicara o esforço de desconstrução do realismo fotográfico e cinematográfico por análises estruturais — enquanto o próprio cinema moderno experimentava inovações nesse sentido. Essas aproximações se fizeram em diferentes direções no campo historiográfico, como examinaremos mais adiante, mas havia uma perspectiva crítica que, naquele contexto, as unia.

Le Goff trouxe uma importante contribuição para a crítica do documento: "O documento não é qualquer coisa que fica por conta do passado, é um produto da sociedade que o fabricou segundo as relações de força que aí detinham o poder. Só a análise do documento enquanto documento permite à memória coletiva recuperá-lo e ao historiador usá-lo cientificamente, isto é, com pleno conhecimento de causa." Inspirado na noção de documento/monumento de Foucault, afirmou: "O documento é monumento. Resulta do esforço das sociedades históricas para impor ao futuro — voluntária ou involuntariamente — determinada imagem de si próprias. No limite, não existe um documento-verdade. Todo documento é mentira. Cabe ao historiador não fazer o papel de ingênuo. ... É preciso começar por demonstrar, demolir esta montagem (a do monumento), desestruturar esta construção e analisar as condições de produção dos documentos-monumentos." Enquanto procedimento metodológico, o argumento de Le Goff tornou-se clássico nos estudos de história na crítica ao documento histórico enquanto evidência, apesar de não se dirigir em nenhum momento às fontes audiovisuais.

No contexto de abertura da história para novos objetos, os filmes — tanto os de ficção quanto os documentários e os cinejornais — e os programas de televisão passavam a ser encarados como fontes preciosas para a compreensão dos comportamentos, das visões de mundo, dos valores e das ideologias de uma sociedade ou de uma dada época. Alargava-se, assim, o espectro de possibilidades de todo e qualquer tipo de filme em direção ao conhecimento da história, ao contrário da noção anterior, que não incluía qualquer filme como passível de ser objeto de análise do historiador. O francês Robert Mandrou alertava os historiadores dedicados ao ensino da história do século XX para a influência do cinema sobre os homens daquele século. Ao mesmo tempo, surgia o reconhecimento de que, tratado como documento histórico, o filme requeria a formulação de técnicas de análise que deveriam dar conta de um conjunto de elementos que se interpunham entre a câmera e o evento filmado, incluindo as circunstâncias de produção, exibição e recepção. Atendo-se inicialmente à experiência francesa, merecem atenção os trabalhos dos pioneiros da reflexão sobre as relações entre cinema e história: Marc Ferro — pertencente ao grupo da revista *Annales*, em cujo interior se deu o movimento da "nova história" — e Pierre Sorlin.

Ferro ingressou no grupo dos Annales como secretário de redação no início dos anos 1960. Embora fosse um historiador tradicional, começava a trabalhar na época como consultor de um filme sobre a história das duas guerras mundiais. Conforme afirmou, em entrevista concedida no início dos anos 1990, apesar de Fernand Braudel (dirigente do grupo e responsável pelo convite para que Ferro o integrasse) reconhecer que ele escrevia uma história ligada ao relato dos fatos, percebia também que ele fazia "coisas que os outros não fazem, sobre novos caminhos". Ferro começou a trabalhar com filmes russos dos anos 1920, procurando unir sua experiência como consultor e realizador de filmes a leituras de escritos sobre o cinema russo. Seu primeiro texto na *Annales* intitulou-se "Société du XX siècle et histoire cinématographique" (1968). Nesse trabalho, referia-se ao culto excessivo do documento escrito e alertava que, para analisar a época contemporânea, existiam documentos de um novo tipo e com uma nova linguagem que traziam uma nova dimensão ao conhecimento do passado. Ferro advertia para o desprezo das pessoas cultas do início do século pelo cinematógrafo, limitado a uma atração de feira, e o privilégio dado pelos historiadores, naquele momento, a um conjunto de outras fontes, como artigos de leis, tratados de comércio, declarações ministeriais, ordens operacionais e discursos.

Ferro foi o único historiador do grupo Annales a desenvolver estudos em torno das relações entre cinema e história, tendo participado, com o artigo "O filme, uma contra-análise da sociedade?", da famosa coletânea *História: novos objetos* — organizada por Jacques Le Goff e Pierre Nora e publicada no Brasil em 1976. Embora sem propor um método de trabalho e sem realizar uma análise fílmica, o que imprime limites a suas considerações sobre a linguagem cinematográfica e a utilização do filme como fonte de conhecimento histórico, Ferro levantou algumas questões pontuais sobre o tema. Dispersas em seus vários trabalhos publicados, elas o transformaram numa referência nos estudos da relação cinema-história entre os historiadores. Com um artigo intitulado "O filme de ficção e a análise histórica", Ferro integrou, ainda nos anos 1970, a coletânea *The Historian and the Film*, organizada pelo inglês Paul Smith e composta por textos de historiadores ingleses, holandeses e norte-americanos sobre as diferentes possibilidades de uso do material fílmico como fonte histórica e instrumento para o ensino.

O primeiro ponto a ser destacado, responsável pela consagração de suas pesquisas, é o esforço em demonstrar que o filme constitui um documento para a análise das sociedades, ainda que não faça parte "do universo mental do historiador". Evocando o imaginário, presente para ele em qualquer gênero fílmico como uma das forças dirigentes da atividade humana, Ferro procurou comprovar que é através da forma que o filme atua no terreno da imaginação, estabelecendo a relação entre autor/tema/espectador. Por isso, o filme deve ser visto também como um agente da história e não só um produto. O historiador privilegia o uso do filme de ficção na análise histórica por julgar vantajosas as possibilidades analíticas que esse gênero traz consigo, como reações críticas, informações sobre freqüência aos cinemas e uma variedade de dados sobre as condições de produção, nem sempre disponíveis no caso dos cinejornais e documentários.

Segundo Ferro, a contribuição maior da análise do filme na investigação histórica é a possibilidade de o historiador buscar o que nele existe de não-visível, uma vez que ele excede seu próprio conteúdo. Ao considerar esse elemento uma das particularidades do filme, Ferro reafirma seu pressuposto de que a imagem cinematográfica vai além da ilustração, não sendo somente confirmação ou negação da informação contida no documento escrito. O filme trataria, assim, de uma outra história — é o que ele chama de contra-história —, que torna possível uma contra-análise da sociedade por revelar aspectos da realidade que ultrapassam o objetivo do realizador, além do fato de as imagens expressarem a ideologia de uma sociedade. O exame de um filme criaria, pois, condições para um desmascaramento das realidades política e social.

O caminho a ser traçado na busca do não-visível envolve, para Ferro, uma abordagem do filme como uma imagem-objeto, um produto cujas significações não são somente cinematográficas. Ele se recusa a tratar o filme e sua relação com a sociedade e a história como uma obra de arte, ao mesmo tempo em que se afasta de uma análise semiológica, estética ou ligada à história do cinema. Seu objetivo é, fundamentalmente, examinar a relação do filme com a sociedade que o produz/consome, articulando realização, audiência, financiamento e ação do Estado, isto é, variáveis não-cinematográficas (condições de produção, formas de comercialização, censura etc.) e a própria especificidade da expressão cinematográfica.

Para articular essas variáveis, Ferro afirma que a tradicional abordagem das ciências humanas é insuficiente e que o reconhecimento da importância do trabalho interdisciplinar entre historiadores, lingüistas, sociólogos e antropólogos não redundou num estudo que, de fato, contemplasse a multiplicidade das questões por ele colocadas. Em relação à crítica histórica e social dos documentos, procura examinar as imagens através da crítica de autenticidade, de identificação e de análise. Ou seja, seu trabalho se volta para a análise das condições nas quais as imagens foram produzidas: origem, data, conteúdo, contexto de produção e recepção. E sua investigação acaba por abranger exclusivamente o conteúdo dos filmes (tema, fatos históricos), sem explorar o que está implicado na forma que organiza o conteúdo.

O historiador propõe alguns procedimentos analíticos em relação ao documentário e à ficção, com os elementos levantados para o primeiro merecendo um grau maior de sistematização. Conforme Ferro, para a análise de um filme de montagem, duas operações são necessárias: o estudo e a crítica dos documentos utilizados no filme e a crítica de sua inserção, que não é necessariamente contemporânea da produção dos documentos. Ferro alerta para a presença de elementos complicadores nesse procedimento, na medida em que pode haver também inserção de imagens e/ou entrevistas que se realizam durante a execução do filme. Um filme de montagem comporta, dessa forma, vários tipos de documentos fílmicos e também não-cinematográficos, e cada um deles pode ter sido extraído de seqüências já montadas, sendo possível agregar-lhes uma série de elementos, como cenas de filmes de ficção e entrevistas.

Como dissemos, em relação à crítica histórica e social dos documentos, Ferro procura examinar as imagens por meio da crítica de autenticidade, de identificação e de análise. De acordo com ele, a primeira traz em si uma ambigüidade, posto que as pessoas podem saber ou não que estão sendo filmadas. Existiriam ainda outros elementos, sobretudo no caso dos cinejornais, que permitiriam verificar se o documento é ou não reconstituído ou modificado: os ângulos das tomadas (podem revelar o número de câmeras utilizadas, sabendo-se que, no filme de atualidades, conta-se com um único operador); a distância das diferentes imagens de um mesmo plano (antes do zoom, a passagem de um plano distante para um próximo não podia ser feita de uma só vez); as condições de leitura da imagem (montagem e/ou reconstituição e iluminação); a intensidade da ação (um documento com ritmo seria manipulado, ao passo que um plano-seqüência não montado comportaria necessariamente tempos mortos); e o grão da película (contrastes mais definidos podem indicar que não houve trucagem, além de poderem sofrer alterações após sucessivas cópias).

Ferro considera a crítica de identificação — que deve vir após a crítica de autenticidade — mais fácil para o historiador, pois diz respeito à busca da origem do documento, sua data, identificação de personagens e locais e interpretação do conteúdo. A crítica analítica englobaria o exame da fonte emissora e das condições de produção e de recepção, considerando que não existe documento politicamente neutro ou objetivo. Ele destaca a importância da análise da realização do filme, que consiste na decodificação do conjunto de imagens e sons. A seleção de entrevistas, a montagem, a natureza das questões abordadas e a sonorização são elementos citados para a execução dessa tarefa.

Ferro aponta outros aspectos sobre a importância do filme para o trabalho do historiador, ao discorrer sobre o fato de um filme ser agente da história e não só um produto. Demonstra como os filmes podem servir à doutrinação e/ou à glorificação. Ao mesmo tempo, observa que desde o momento em que os dirigentes políticos compreenderam a função que o cinema poderia exercer, tentaram se apropriar do meio, colocando-o a seu serviço. A primeira tentativa teriam sido os numerosos filmes de propaganda produzidos em vários países ao longo da Primeira Guerra Mundial. Foram, contudo, os soviéticos e posteriormente os nazistas que, segundo ele, conferiram ao cinema um estatuto privilegiado de instrumento de propaganda e de formação de uma cultura paralela. Cita o caso de *Outubro* (1927), de Sergei Eisenstein, feito sob encomenda de Stálin para a comemoração dos dez anos da Revolução Russa, mas afirma que os nazistas foram mais longe, pois deram ao cinema um status de objeto cultural superior com função de meio de informação. Ferro apontava ainda para o fato de o cinema poder atuar como agente de conscientização, o que seria mais útil nas sociedades de regime político fechado.

A obra do historiador serviu, certamente, de inspiração para os estudos sobre cinema e história. Mas há desvantagens trazidas por sua recusa em tratar as imagens em sua dimensão estética, o que envolve uma consideração sobre a questão dos "gêneros do discurso" indispensável ao esclarecimento das relações entre as narrativas audiovisuais e a história, como veremos na seção seguinte. Somente a análise fílmica nos permite esclarecer as possíveis tensões contidas no filme e na relação com os diferentes contextos políticos e ideológicos de uma dada sociedade. Por outro lado, a idéia de que o filme revela uma realidade significa abandonar o aspecto fundamental da existência de uma mediação entre a realidade e o filme, na qual são feitas escolhas que podem se apresentar de diversas maneiras. Essa postura justifica os termos que Ferro coloca como imprescindíveis na busca de uma autenticidade e uma veracidade no documento-filme. As referências à linguagem cinematográfica não caminham para além da identificação de procedimentos técnicos.

Essa noção é bastante difundida e a sua vulgarização permite que caiba ao historiador a ilusão de ser o árbitro sobre quão autêntico e verídico é um filme. As questões ficam assim fora de lugar, buscando uma neutralidade que não existe por duas razões: em primeiro lugar, pela existência de um ponto de vista; e em segundo, pelo fato de a referência à história nos ser dada pela escrita tradicional. O desafio do trabalho com a análise fílmica é exatamente este embate com o texto-filme, cuja escrita não é neutra, por mais que se pretenda fiel a uma realidade e até mesmo se exponha enquanto tal.

Ainda na França, uma outra referência nos estudos sobre cinema e história é o historiador e professor de cinema Pierre Sorlin, cuja trajetória distingue-se da de Ferro. Mesmo considerando-se um historiador tradicional nos idos dos anos 1960, Sorlin atribui o início de sua aproximação com o cinema para pensar a história à conjuntura de 1968 na França. Segundo ele, além de sua paixão por essa arte, nesse momento houve profundas alterações na forma de ensinar na recém-criada Universidade de Vincennes, onde lecionava. Os estudantes passaram a se interessar por discutir cinema e televisão em busca de uma alternativa à utilização de fontes históricas tradicionais, e isso o levou a pensar sobre a relação entre cinema e história. Sorlin reconhecia ainda o impacto produzido pela criação e difusão da televisão, que, ao colocar imagens no espaço doméstico, fez com que os cientistas sociais não mais pudessem ignorar o mundo da câmera. Assim como Ferro, Sorlin defendia que todo filme — ficcional, documentário, cinejornal — era um documento histórico que, sem encerrar a verdade, devia ser objeto de análise para o historiador. Priorizava, contudo, o exame dos elementos que se interpunham entre a câmera e o evento filmado e que traziam mais dados para a crítica ao caráter de ilustração que o documento visual tendia a assumir diante da soberania do documento escrito.

Para ele, é por meio da indagação de como os indivíduos e os grupos compreendem o seu tempo que se torna possível definir o estudo do cinema como um documento de história social. Nesse sentido, criticou de forma contundente o empirismo das análises que entendiam o filme como reflexo de uma realidade histórica, recusando-se a estabelecer uma homologia entre ele — instrumento de expressão ideológica — e a formação social. Sua crítica voltava-se mais diretamente para dois tipos de abordagem: o da história do cinema e o da sociologia histórica.

Em relação ao primeiro caso, Sorlin observava que um arrolamento das escolas, gêneros, temas, autores, obras-primas, biografias, técnicas etc. não seria de grande utilidade para os historiadores preocupados em desvendar a relação do filme com a sociedade. No segundo caso, seriam insuficientes os elementos com que a sociologia do cinema lida, como dados econômicos, influência da conjuntura política e público. Para Sorlin, essas análises desembocavam no seguinte impasse: ou descreviam a sociedade e verificavam a descrição nos filmes, ou os analisavam e encontravam na estrutura social os elementos que lhes davam origem. O imobilismo desse esquema se funda, segundo ele, não só por razões teóricas — não há uma reflexão sobre os materiais usados pelo filme e sobre a sua relação com o público —, mas também pela insuficiência de métodos, embora reconheça a importância do registro etnográfico no filme.

Essa postura lhe impôs uma reflexão de ordem metodológica em torno da análise fílmica que o retirava da condição de espectador comum diante da tela de cinema ou de televisão. Assim, aproximou-se da semiologia e da semiótica em busca de uma metodologia de análise do texto e da linguagem fílmica, mesmo destacando que caberia ao historiador definir o eixo de sua análise conforme os critérios de sua própria pesquisa. Prova disso foi o trabalho elaborado por um grupo interdisciplinar integrado por Michele Lagny, Marie-Claire Ropars e Sorlin sobre *Outubro*, que consistia numa tentativa de superar "a tentação da leitura empírica e imediata para responder às exigências teóricas dos semióticos e aos semióticos descobrir certos limites de uma exploração puramente interna do texto fílmico".

Sorlin ponderava, contudo, sobre a dificuldade de se chamar de "signo" toda a série de elementos visuais e sonoros que o cinema traz e que não necessariamente se orientam para estabelecer uma comunicação. Alguns elementos poderiam, segundo ele, traduzir uma manifestação não-intencional e, ainda assim, serem capazes de esclarecer de maneira indireta um fenômeno social. Além disso, ainda segundo ele, a imagem supera a comunicação dos atores na medida em que a expressão cinematográfica possui uma série de elementos que lhe é específica. A imagem propõe, dessa forma, um grande número de mensagens, cabendo ao historiador reagrupar certos elementos icônicos selecionados dentro de um conjunto maior.

Os trabalhos posteriores de Sorlin não prosseguiriam no interior desse arcabouço conceitual, pois, segundo ele, o método simplesmente apresentava leis explicativas de como combinações de som e imagem podiam gerar significados. Sorlin reconheceria nos anos 1990, no entanto, o efeito positivo desses trabalhos, pois os analistas de filmes não mais se contentariam em sumarizar roteiros ou descrever os temas desenvolvidos nos cinemas, devendo, necessariamente, examinar o caminho pelo qual os *scripts* se transformaram num produto audiovisual. Advertia, por outro lado, para o efeito negativo de se pensar que uma única imagem pode ter um significado, uma vez que as imagens podem se inserir em várias cadeias de significação.

Ainda nos anos 1970, Sorlin procurou articular os mecanismos internos da própria expressão cinematográfica com a configuração ideológica e o meio social nos quais se inseriam os filmes — um a um ou por grupos. Residia aí a complexidade da análise fílmica para a história social. A especificidade da linguagem do cinema consistia, para ele, na utilização conjunta de vários meios de expressão — sons, vozes, palavras, canto, música instrumental, ruídos etc. —, sendo necessário apreender os esquemas que presidiriam a relação e a organização das diferentes partes que a constituem. Além disso, partindo de uma distinção entre o filme e a fotografia, Sorlin observava que o filme encadeia várias fotografias em que cada plano se dispõe a várias interpretações, embora a posição do plano numa cadeia de vários outros induza a uma certa leitura em função da montagem, do jogo de câmera e dos diálogos. Em resumo: a realidade que o filme expressa era entendida como resultado de uma série de processos que a transformam. No filme histórico, Sorlin destacou dois aspectos em particular: em primeiro lugar, o fato de que os eventos passados são escolhidos para dar soluções ao momento em que são realizados; em segundo, a importância da análise do filme entendido no contexto de sua produção.

Sorlin valorizava ainda o fato de que o filme era realizado por uma equipe, por isso defendia que se considerasse todo o circuito de financiamento, filmagem e distribuição. Essa era outra razão para que, segundo ele, a análise do filme não se resumisse nem à intenção do diretor nem ao conteúdo do roteiro. Pelo contrário, a produção deveria ser examinada como um trabalho acabado — na sua combinação de elementos visuais e sonoros — e pelos efeitos que produzia.

Além de estudioso do cinema neo-realista italiano e de filmes históricos europeus, Sorlin examinou as mudanças sociais ocorridas na França e na Itália durante a década de 1960, através de *Pierrot le fou* (1965), de Jean-Luc Godard, e *O eclipse* (1962), de Michelangelo Antonioni, para mostrar como esses filmes se constituíam parte dessas transformações. Após identificar as várias seqüências que compunham cada um, analisou as particularidades de sua produção, a caracterização dos personagens e o seu estilo de vida. Por outro lado, utilizou algumas fontes tradicionais dos historiadores, como dados estatísticos sobre temas referentes a mudanças comportamentais. Observava que as imagens são uma reflexão em torno do mundo que as cerca, ao mesmo tempo em que recriam uma possível, porém imaginária, visão de alguns aspectos da sociedade, que é apenas *uma* entre as várias possíveis.

Sorlin reconheceu a contribuição de Ferro ao levar o cinema para o campo da história, o que não significava uma identidade com seus métodos de trabalho. Em comum, havia a convicção de que a imagem não copia a realidade e a câmera revela aspectos que ultrapassam as evidências. Entretanto, contrário ao estabelecimento de uma homologia entre filme e mentalidade de uma sociedade num dado momento histórico, Sorlin procurou um sistema de leitura distinto do de Ferro, longe de uma análise contextual. A "busca do não-visível" de Ferro estava intrinsecamente ligada a uma análise do conteúdo do filme e ao contexto de sua produção, o que o distanciava dos procedimentos defendidos por Sorlin e da tentativa de rigor analítico, ciente da importância do texto visual e de sua inserção num determinado contexto de produção.

Ainda no mundo europeu, há que se destacar a perspectiva apontada por alguns historiadores ingleses que desenvolveram pesquisas sobre a relação entre cinema e história. Com base nos trabalhos de Anthony Aldgate, Jeffrey Richards e Arthur Marwick, é possível traçar linhas gerais dessa outra abordagem do tema. Seus pressupostos de análise assemelham-se aos estudos que lhes são contemporâneos, distanciando-se, contudo, de análises do tipo estrutural. Para eles, nenhum gênero fílmico é objetivo, e a realidade apresentada é fruto de uma seleção e de um controle prévios. Há uma valorização de questões como interferência por parte de produtores e patrocinadores e outros eventuais grupos de pressão envolvidos na produção de cada filme. Segundo essa abordagem, o valor do filme para o historiador reside na capacidade daquele de retratar uma cultura e dirigir-se a uma grande audiência na condição de meio de controle social e de transmissor da ideologia dominante da sociedade.

Nesse sentido, Richards e Aldgate destacam três aspectos fundamentais para a análise do filme: a) os elementos que compõem o conteúdo, como roteiro, direção, fotografia, música e atuação dos atores; b) o contexto social e político da produção, assim como a própria indústria do cinema; e c) a recepção do filme, considerando a influência da crítica e a reação do público segundo idade, sexo, classe e universo de preocupações. Richards é bastante categórico em sua crítica à análise estruturalista disseminada sobretudo na França, em meados da década de 1960 e na seguinte, no campo da teoria do cinema. Para ele, é o exame do contexto que produziu o filme que o torna importante para a história social. Identificado também com essa concepção, Aldgate desenvolveu uma análise sobre como os cinejornais britânicos abordaram a Guerra Civil Espanhola, destacando o jogo da manipulação da imagem feito para a opinião pública. Ambos conferem ainda uma grande importância a todos os materiais biográficos para o estudo do filme. Aldgate ressalta o valor das cartas, diários, memorandos etc. ligados à produção como fontes para o exame dos aspectos educacionais, sociais, políticos e ideológicos nele contidos. Marwick, por sua vez, valoriza, em trabalho sobre filmes ingleses realizados em 1959 e 1960, a correspondência entre produção e órgãos de censura, a comparação do filme com o livro que inspirou o roteiro, as interferências da produção e a escolha dos atores, além do contexto da época, como forma de revelar os problemas da sociedade emergente no final da década de 1950 e início dos anos 1960.

A abordagem desses autores prioriza um conjunto de variáveis que se interpõem na produção cinematográfica, entre as quais a manipulação ideológica construída em torno das imagens a partir de um contexto histórico determinado. Aspectos voltados para a questão da linguagem do cinema e suas especificidades não encontram, assim, um espaço privilegiado em seus esquemas analíticos.

Os estudos sobre cinema e história se difundiram também nos Estados Unidos, principalmente a partir dos anos 1970, com o foco inicialmente dirigido para os cinejornais e documentários e, somente na década seguinte, para a ficção. Data do final de 1970 a criação da revista *Film and History*. Um de seus fundadores, John O'Connor, publicou em 1990 a coletânea intitulada *Image as Artifact: The Historical Analysis of Film and Television*, reunindo artigos de europeus e norte-americanos sobre o tema. Foi nesse trabalho que, pela primeira vez, a televisão surgiu como objeto de preocupação no campo da história, seguindo possivelmente a própria trajetória de O'Connor, que trabalhara nos anos 1980 na interpretação da história norte-americana não só por meio do cinema hollywoodiano, mas também da televisão. O conjunto de artigos dessa coletânea discute o uso que os historiadores fizeram do material de imagens de movimento — incluindo filmes e produções televisivas — tanto no campo da pesquisa quanto do ensino, privilegiando a abordagem de questões ligadas ao conteúdo, à produção e à recepção.

A necessidade de analisar criticamente o filme e/ou programa de televisão como documento histórico ou como artefato é o objetivo que inspira tal publicação, além da tentativa de apresentar elementos da linguagem visual para historiadores e professores de história. Estudos clássicos sobre a indústria cinematográfica norte-americana e a linguagem do cinema são igualmente mencionados. Num dos artigos, O'Connor ressalta com propriedade a questão do ponto de vista presente em todo e qualquer filme, o que leva o espectador a estar diante de uma determinada visão da história. Alguns outros aspectos importantes são tratados no livro, que, contudo, não chega a trabalhar com análises fílmicas, o que poderia indicar mais concretamente como a narrativa cinematográfica ou televisiva impõe uma determinada escrita da história.

Apontando uma tendência até então inédita entre os historiadores nos debates sobre história e cinema, e consciente das particularidades trazidas pela narrativa histórica nos filmes voltados para o passado, Robert Rosenstone (que trabalhou nos anos 1980 como consultor de filmes históricos, entre eles *Reds*, de 1981) levou para essa discussão uma questão fundamental: como o filme, sujeito a convenções importadas do drama e da ficção, pode ser usado como um meio para se pensar a relação com o passado. Negando-se a falar sobre o filme histórico no singular, optou por procurar entender a história no cinema dentro de três categorias:

história como drama, história como documentário e história como experimento. Esses formatos teriam especificidades que implicariam formas distintas de tratamento da história no cinema.

No caso da história como drama, à qual se refere como *mainstream films*, identificados com os filmes de Hollywood, Rosenstone demonstra que, pautados por uma perspectiva realista de reconstrução do passado, esses filmes criam no espectador a ilusão de se estar diante de uma história tal como teria acontecido. Entre suas características centrais, reside o fato de as tramas serem narradas com começo, meio e fim e conterem uma moral e uma concepção progressiva. Além disso, trazem, preferencialmente, histórias dramatizadas de indivíduos, por vezes heróicos, que visam emocionar o espectador e que apontam para uma certa visualidade do passado (construções, paisagens e objetos). Conforme Rosenstone, alguns desses traços seriam comuns aos documentários, se pensados na tradição mais convencional do gênero. Esses traços não encontrariam espaço nos filmes históricos de caráter mais experimental, identificados como aqueles que se opõem à prática realista hollywoodiana. Nesse conjunto, Rosenstone menciona *Shoah* (1985), de Claude Lanzmann, *Encouraçado Potemkin* (1925), de Sergei Eisenstein, *Sans soleil* (1982), de Chris Marker, e alguns filmes de cineastas latino-americanos como exemplos de produções que se contrapõem àquela maneira de contar a história, sem, no entanto, avançar nas características fundamentais e nas propostas inovadoras contidas nas narrativas dos chamados filmes experimentais. Ao analisar um conjunto de produções, Rosenstone procura discorrer um pouco mais sobre as características de diferentes filmes que narram a história, dentro de uma chave explicativa que se dirige ao filme enquanto construção do passado. Conclui que este não substitui a história escrita, nem a complementa, pois lida com o passado de uma forma distinta e no interior de seus próprios parâmetros. O significado do filme é dado, assim, por aspectos formais e de estilo, e também por sua construção narrativa. Na tentativa de tipificar as produções que lidam com o passado, Rosenstone e a historiadora francesa Michèle Lagny procuraram, em seus trabalhos, traçar características comuns a esses filmes.

O conjunto das abordagens aqui tratadas sobre as relações entre história e cinema — e muito secundariamente televisão — ilumina esse campo de estudo. Entretanto, uma interlocução mais decisiva com os estudos cinematográficos e audiovisuais nos fornece instrumentos mais precisos para uma reflexão crítica da linguagem cinematográfica e televisiva, como forma de romper a ilusão de veracidade dos documentos audiovisuais.

A escrita da história pelo cinema e pela televisão

Desde as primeiras décadas do século XX, pessoas ligadas ao cinema adensaram a reflexão em torno da crença na autenticidade da imagem reproduzida mecanicamente, reflexão já iniciada em meados do século anterior em função do advento da fotografia. Pois foi a entrada em cena do cinema que, sem dúvida, aprofundou a discussão sobre os vários mecanismos que envolvem a mediação processada pela câmera entre o olho que vê e a realidade.

No interior de problemáticas distintas, esse debate avançou quando a questão da montagem — que, por definição, retira da imagem cinematográfica o estatuto de reprodução da realidade, ao considerar que o sentido é criado pela sucessão das imagens — e de outros recursos cinematográficos tornou-se elemento-chave nas considerações acerca da natureza da imagem em movimento. Vale a pena traçar aqui as linhas gerais desse debate, considerando a presença, desde essa época, de um cinema voltado para a escrita da história.

Na ficção cinematográfica produzida pela indústria, ou seja, aquela que definiu a natureza do espetáculo diante do grande público até hoje, o estilo que vingou foi o do cinema narrativo clássico, consolidado na década de 1910 como linguagem adequada para se otimizar o efeito de verossimilhança. A cuidadosa invenção de uma linguagem ajustada à máxima "impressão de realidade" nas cenas logo se desdobrou num discurso sobre a vocação do cinema para produzir a verdadeira e impactante imagem do passado. D.W. Griffith já falava na revolução que o cinema deveria produzir no relato e no ensino da história, papel que o cinema norte-americano viria assumir com empenho, sendo mais eficaz do que qualquer outro na criação do espetáculo baseado na consciência de que a força retórica do discurso imagético aumenta quando cria a ilusão de que são os próprios fatos que se mostram na tela. Foi exatamente com um filme de reconstrução da história, *O nascimento de uma nação*, sobre a Guerra de Secessão, que Griffith sedimentou o chamado cinema narrativo clássico. História e melodrama são os ingredientes centrais da obra, que mostra o trajeto de duas famílias, uma no Sul e outra no Norte dos Estados Unidos, que lutariam em campos opostos durante a guerra civil.

Os efeitos de verossimilhança aí exibidos se caracterizam pelo uso da alternância de tempo e de espaço, pela técnica de campo/contracampo, pela aproximação da câmera para definir o ponto de vista subjetivo dos personagens. São criadas uma continuidade no tempo e uma homogeneidade no espaço, produzindo uma ilusão de controle da ação por parte do espectador, ao lado de um conjunto de elementos constitutivos da linguagem do próprio cinema que dizem respeito à montagem, à constituição das seqüências, à iluminação, ao enquadramento e aos ângulos. A marca da moralidade é também um fator importante na estrutura melodramática do cinema narrativo que então se implantava, em conformidade com os padrões do espetáculo para o grande público inaugurado em fins do século XVIII pelo teatro popular francês.

No contexto dos movimentos artísticos de vanguarda na Europa ao longo dos anos 1910 e 1920, de crítica aos filmes realizados pela indústria do cinema e voltados para o mercado, a discussão sobre a montagem assumiu contornos importantes no debate mantido entre os cineastas russos Dziga Vertov e Sergei Eisenstein, que seguiam uma postura anti-realista. Engajados no projeto de construção de uma nova sociedade segundo o ideal socialista instalado na Rússia pós-1917, eles criticavam a noção de naturalidade da linguagem cinematográfica. Defensores de uma nova arte para essa nova sociedade, pregavam a necessidade de um cinema que criasse uma consciência que libertasse os espectadores do modo convencional de ver o cinema, julgado alienante e empresarial. Num movimento de rompimento com a narrativa linear e realista, adotavam um cinema de descontinuidade, feito de justaposições aptas a afirmar um sentido que transcendesse o que estava contido em cada imagem isolada. Nele, não havia lugar para o drama pessoal, psicológico.

Vertov voltava-se para o presente, interessado em colocar a câmera diante do real para revelar a existência dessa mediação na captura da realidade e mostrar o mundo como ele é, sem encenação. Numa linha oposta e com o objetivo de estimular uma reflexão sobre a história russa — razão pela qual nos deteremos nessa experiência —, o cinema de Eisenstein buscava, acima de tudo, a explicitação de um modo de pensar, o que ele deixa claro em vários de seus textos teóricos sobre teatro e cinema. Em total divergência do cinema narrativo clássico, sua escrita da história era absolutamente fiel à exposição de seu raciocínio. A história, em seus filmes, não era exibida ao espectador a partir de uma sucessão natural de fatos, já que não pretendia criar a ilusão de uma história verdadeira. As imagens expunham suas idéias e procuravam instigar o espectador com metáforas, intervenções que se davam no próprio processo de montagem, cujo objetivo final era a criação de um impacto sobre o espectador. Eisenstein defendia que a montagem, além de criar um significado que não reproduzia o real, era fundamental na criação de uma nova estética. Não havia uma representação da história em seus filmes e sim a conjugação de elementos cinematográficos que visavam mostrar e criar associações sobre os fatos históricos. Nesse sentido, o enredo era menos importante que a chamada "atração" contida na elaboração de planos que, no seu conjunto, tinham por finalidade transmitir estímulos ao espectador, sacudi-lo por uma cadeia contínua de choques provenientes de cada um dos vários elementos do espetáculo cinematográfico.

Dentro dessa concepção, Eisenstein narrou a história russa. Atendendo à solicitação do governo, realizou um conjunto de filmes cuja temática era centrada em episódios históricos que haviam conduzido à Revolução bolchevique. Em seu primeiro longa-metragem, *A greve* (1924), sobre uma greve ocorrida em 1912, aplicou sua noção de montagem, inserindo metáforas na caracterização de situações e da ação dos patrões e seus subordinados diretos. Esse procedimento se reafirmou em *Encouraçado Potemkin* e *Outubro*, que celebravam, respectivamente, os 20 anos da Revolta de 1905 — fracassada na tentativa de derrubar a monarquia russa — e os dez anos da Revolução de 1917.

Para além da experiência de Eisenstein, houve, ao longo de mais de um século, filmes, formulações teóricas e escritos não só de cineastas, mas também de críticos e estudiosos da linguagem cinematográfica, que se constituíram em questionamento e ruptura com o modelo do cinema clássico narrativo. Não caberia um arrolamento de nomes de cineastas, títulos de filmes e movimentos identificados com nenhuma tendência em particular, considerando que nosso objetivo central é apontar para a complexidade das questões que envolvem a construção da linguagem cinematográfica e, em particular, retirar do terreno das evidências o exame da história escrita pelo cinema. As considerações acima convergem, principalmente, para a produção de ficção, referindo-se menos a modelos e discussões em torno da cinematografia de natureza documental, apesar de a história dessa linguagem, sobretudo em suas rupturas, estar associada a uma discussão no campo da linguagem cinematográfica como um todo. De qualquer maneira, vale a noção central aqui esboçada sobre a natureza da construção da narrativa fílmica, mesmo que a imagem contenha substratos de realidade. Tal questionamento certamente se apoiou, em grande parte, nos estudos estruturalistas desenvolvidos ao longo da década de 1960, que tinham por objetivo proceder à desconstrução da linguagem em seus mais variados suportes. A busca de um método de trabalho levou, em muitos casos, a uma formalização excessiva. O destaque concedido à linguagem foi, no entanto, produtivo, quando incorporado a análises sobre o contexto histórico e ao demonstrar o reconhecimento de que existe uma codificação na linguagem do cinema e da televisão, exceto nos casos de ruptura e/ou diálogo com essa tradição.

Algumas considerações são ainda necessárias no que se refere à grande parte da produção cinematográfica mundial, o que corresponde também à produção televisiva. Inserido no modelo do cinema industrial de ficção, o naturalismo é, nesses casos, a palavra de ordem, e nisso reside o desafio de examinar o discurso sobre a história nele contido. Um outro aspecto do discurso audiovisual assume uma importância fundamental: o da forma dramática que dá sentido a essas narrativas. A abertura para as análises desse modelo de filme apoiou-se na tradição das pesquisas sobre cinema desenvolvidas nos Estados Unidos e na Inglaterra a partir dos anos 1970, sejam impulsionadas por estudos feministas, seja pela crise de um método de análise cinematográfica voltado para a reflexão sobre filmes identificados como um desvio em face do cinema industrial. Esse modelo estava pautado na formatação de gêneros estáveis e na reiteração de protocolos de construção dramática herdados do teatro, notadamente o tipo de espetáculo mais popular. Como conseqüência, a questão do gênero aflorou no plano da teoria, agora não mais tão preocupada com o que era específico ao cinema, mas pronta a utilizar categorias analíticas válidas na análise de vários campos da produção ficcional.

Ao observar a emergência dos estudos sobre melodrama, um conjunto expressivo de pesquisadores anglo-americanos passou a destacar a obra do norte-americano Peter Brooks, teórico da literatura, como dado inspirador da renovação da teoria do gênero. Intitulado *The Melodramatic Imagination: Balzac, Henry James, Melodrama and the Mode of Excess* (1976), esse seu livro revelou-se um texto inaugural na utilização do melodrama como categoria crítica descritiva e influenciou estudos que buscavam estabelecer uma relação entre formas culturais e contexto histórico, um dos campos da história cultural que passaria a assumir um papel de destaque a partir dos anos 1980.

Ao discorrer sobre a existência de uma "imaginação melodramática" na literatura realista do século XIX em seus mais relevantes autores, Brooks procurou analisar detidamente os elementos constitutivos do gênero, originário do teatro popular francês nascido após a Revolução Francesa. Não pretendia, com isso, fazer a genealogia do gênero e sim demonstrar como ali se havia estruturado uma forma vital para a imaginação moderna, cuja função modeladora se refletiria sobre a produção ficcional, inclusive do cinema e da televisão. Embora o melodrama tenha sido desqualificado ao longo de muito tempo por sua origem popular, o trabalho de Brooks destaca como esse gênero organizou uma ordem moral que, a partir daquele momento, não mais seria definida pelo transcendental, mas pela interação dos homens num novo tipo de sociedade. A categoria "melodrama" passaria, então, a permitir a análise de um conjunto de produções ficcionais, inclusive do cinema e da televisão.

Em suas origens, o melodrama consistia numa forma mista que partilhava com o *vaudeville* o espírito de uma comédia musical, agregando outros gêneros considerados inferiores, sobretudo o drama sentimental e a peça de exaltação histórica, baseados em enredos sérios e freqüentemente trágicos. Gênero popular, difundiu-se quando os teatros foram abertos para as grandes massas, que se distraíam com a clareza de seus textos e o apelo ao sentimental. Segundo Arnold Hauser (em *História social da arte e da literatura*), "no plano puramente formal, o melodrama é o gênero mais convencional, esquemático e artificial que se pode imaginar — um cânone no qual dificilmente podem encontrar lugar elementos novos, espontaneamente inventados e naturalisticamente diretos. Possui uma estrutura tripartite, com um forte antagonismo como situação inicial, uma violenta colisão e um desfecho que representa o triunfo da virtude e a punição do vício. Numa palavra, é uma trama facilmente entendida e economicamente desenvolvida; com a prioridade da trama sobre os personagens; com figuras bem definidas: o herói, a inocência perseguida, o vilão e o cômico; com a cega e cruel fatalidade dos acontecimentos; com uma moral fortemente enfatizada, que, por sua tendência insípida e conciliatória, baseada em recompensa e castigo, discorda do caráter moral da tragédia, mas compartilha com esta uma elevada, embora exagerada, solenidade".

Alguns aspectos básicos do argumento de Brooks merecem atenção. Em primeiro lugar, nota-se a busca de uma moral oculta como reveladora do drama ético e emocional, baseado numa luta maniqueísta entre o bem e o mal. Esse conflito sugere a necessidade de identificação e de enfrentamento do mal para combatê-lo e expeli-lo, como forma de purgar a ordem social. Após uma sucessão de conflitos e ações violentas, reaparece a virtude no momento em que o erro é reconhecido e o mal é expulso. O momento máximo do melodrama, que se dá numa situação de perplexidade, é exatamente o da evidência ética e do seu reconhecimento, o momento da revelação catártica. A tônica do gênero é o exagero, a recusa da nuança. Temas e formas favorecem aí a identificação da platéia com as figuras desprotegidas, com os despossuídos, levando muitos a olhar para o melodrama como uma arte democrática apta a questionar dominações de classe e imposturas do mais forte, ao mostrar como o oprimido detém a verdade por suas condições morais. A música assume uma função fundamental por marcar as situações emocionais, o clímax, além de anunciar temas.

Desde sua manifestação mais típica no teatro do século XIX, o melodrama valorizou a representação e a ação visual, o que explica o estilo histriônico, e, a partir do século XX, sua afinidade com o cinema e, posteriormente, com a televisão. Foi ele o canal através do qual os meios audiovisuais aprenderam a fazer os personagens de suas histórias falarem de si, de seus estados morais e emocionais, de suas intenções e de suas razões.

No caso da matriz da produção televisiva, sobretudo ficcional, soma-se à experiência do modelo melodramático a estrutura do folhetim, que, nascido nas primeiras décadas do século XIX, na França, consistia em histórias em capítulos escritas no rodapé das páginas dos jornais com clímax diário para despertar o interesse do leitor no dia seguinte. Utilizava, igualmente, personagens e enredos estereotipados e, tratando de assuntos populares com uma intensa carga de exagero, lidava com as emoções humanas, tendo com isso a garantia de sucesso inclusive entre as platéias burguesas. O poder da estratégia contida nessas narrativas se reciclou ao longo da história do cinema e da televisão, dentro da concepção realista de filmes, telenovelas e minisséries.

Ao tomar como pressuposto que a matriz melodramática estrutura a narrativa ficcional tanto do cinema industrial quanto da televisão, nosso próximo passo é pensar sobre os termos nos quais se articula a escrita da história. Sem desprezar o conjunto de variáveis que envolve o contexto de produção de cada filme ou ficção televisiva e o olhar do presente, é importante pensar como, no interior da própria narrativa e dentro de que parâmetros, opera-se a reconstrução histórica nesse gênero. Em outras palavras, destacamos a importância de se buscarem os significados e os limites de uma história que se reconstrói no campo da moralidade, baseada numa dicotomia entre o bem e o mal definida pedagogicamente na construção narrativa, sujeita, assim, a uma forte polarização entre seus personagens e seu conteúdo.

Da mesma forma que são imediatamente identificados como históricos os filmes e seriados voltados para a narrativa de fatos históricos e da vida de grandes personagens, em outros casos se fala de "pano de fundo histórico", como se a história estivesse ali menos presente em função de um enredo de natureza mais romântica, por exemplo. Esse argumento é particularmente utilizado na ficção televisiva, considerando, talvez, a necessidade desse meio de privilegiar os dramas individuais e as intrigas típicos desse formato, por vezes mais estereotipados ainda. Perde-se de vista, nesses casos, que a história se estrutura no próprio repertório dos personagens, que, organizados segundo princípios maniqueístas, atualizam na ficção uma pedagogia de fundo moral sobre vida política, comportamento, valores e ideologia. Em alguns casos, a história na ficção se estrutura ainda pela inserção de imagens de época como forma de acentuar a função de agente de construção de um "parecer ser histórico".

Uma dimensão importante dessa produção ficcional é o seu papel enquanto agente de construção de uma identidade nacional, e se considerarmos a vocação da escrita da história tanto para o cinema quanto para a televisão, a questão assume maior relevância. O caráter pedagógico contido nessas narrativas se nutre de conteúdos históricos, visando à formação de uma memória nacional. E mesmo — ou talvez até por isso — numa sociedade globalizada como a de hoje há lugar para narrativas audiovisuais de fortalecimento desse tipo de pertencimento na construção de uma "comunidade imaginada", tal como formulada por Benedict Anderson.

No cinema, ao longo de mais de 90 anos e com títulos de ampla circulação por todo o mundo, esse papel foi desempenhado por Hollywood em relação à sociedade norte-americana. De *O nascimento de uma nação*, de D.W. Griffith, a *JFK* (1991), de Oliver Stone, e *Forrest Gump* (1994), de Robert Zemeckis — só para citar três casos bastante estudados —, há uma extensa trajetória de filmes de vários gêneros que interpretaram a nação norte-americana através da reconstituição histórica, segundo a realidade do momento de produção. No cinema brasileiro, o tema histórico perpassou não só diferentes temáticas e tratamentos, como também diferentes concepções de cinema e vários estilos, da ficção ao documentário. São inúmeros os títulos ambientados nos períodos colonial, imperial e republicano, o que significa a existência de uma farta escrita da história nacional pelo cinema tanto ficcional quanto documental, de *O descobrimento do Brasil* (1937), de Humberto Mauro, aos recentes *O ano em que meus pais saíram de férias* (2006), de Cao Hamburger, e *Hércules 56* (2007), de Sílvio Da-Rin, por exemplo.

Se nos direcionarmos para a produção televisiva, o caso da Rede Globo é igualmente estimulante para a discussão dessas questões, considerando a forte presença da emissora na vida brasileira com uma programação que passou a ser transmitida em rede nacional em 1969. Em relação à sua programação ficcional, ela atualiza há quase 40 anos, em suas novelas e minisséries, uma pedagogia do ser brasileiro pelo reconhecimento de traços comuns — como língua, paisagem, hábitos, costumes e referências culturais — em total sintonia com as questões da realidade que é contemporânea ao momento de produção. Por essa razão, essa interpretação do país não é estática: faz-se de forma diferenciada segundo os diferentes contextos históricos, os formatos de suas programações, seus autores e suas propostas estéticas e narrativas.

O conteúdo "história" se agrega a esse conjunto como poderoso produtor de um discurso de nação. A encenação do passado aponta, por sua vez, para uma intervenção no presente. De acordo com a estratégia realista instaurada pela produção ficcional televisiva ao final de 1968 — com a telenovela *Beto Rockfeller*, exibida pela TV Tupi de São Paulo (1968-69) — e consolidada em seguida na Rede Globo, e ocasionalmente nas redes Manchete e Record, as reconstituições históricas encontraram espaço nas telenovelas da Globo com a adaptação de romances brasileiros do século

XIX para o horário das 18 horas, ao longo dos anos 1970. Foi, contudo, na linha das minisséries intituladas *Séries brasileiras* — inauguradas pela emissora em 1982 — que as reconstituições históricas foram produzidas em larga escala e em produções mais sofisticadas, tanto com o foco em alguns personagens reais, como Lampião e Maria Bonita, Padre Cícero e Juscelino Kubitschek, quanto em momentos do passado, com *Anos dourados* (1986), *Anos rebeldes* (1992), *Decadência* (1995), *Hilda Furacão* (1998) e *Queridos amigos* (2008), ou em referência a fatos históricos, como em *Agosto* (1993) e *A invenção do Brasil* (2000). Há quase uma década, a telenovela *Terra nostra* trazia, para o horário nobre das 20 horas, a temática da imigração italiana para o Brasil no final do século XIX. A partir de 2003, o programa *Linha direta*, num formato distinto da produção ficcional, voltou-se para a história recente brasileira com a dramatização das biografias do jornalista Wladimir Herzog, da estilista Zuzu Angel e do sacerdote dominicano Frei Tito, todos falecidos entre 1974 e 1976, durante o regime militar, em desfechos trágicos e suspeitos e só mais recentemente esclarecidos.

Essas observações servem tão-somente para reiterar o fértil terreno de construção de uma memória da história nacional pela televisão, dentro de diferentes formatos e contextos. Chama a atenção o caso, único, da Rede Globo por ser uma emissora privada que há décadas investe nessa programação. Com variações contidas em produções independentes, incorpora o modelo bem-sucedido da indústria do cinema, demonstrando competência na construção de uma aparência de verdade.

Esse movimento não é, contudo, exclusivo da Rede Globo. A relação entre narrativas televisivas/cinematográficas e construção de identidade nacional está presente em várias emissoras do mundo, tanto privadas quanto públicas. Na recente produção televisiva, merecem destaque algumas ficções, como as argentinas *Monte Cristo* e *Televisión por la identidad* e a portuguesa *Conta-me como foi* — todas ambientadas durante a vigência de regimes ditatoriais em seus países. Na Venezuela, o presidente Hugo Chávez decidiu enfrentar a indústria cinematográfica norte-americana ao criar uma versão nacional de Hollywood. E o primeiro filme produzido na chamada Villa del Cine foi sobre a história de Francisco de Miranda, um dos precursores na luta pela independência do norte da América do Sul. Vale lembrar, contudo, que existem experiências de produções televisivas apresentadas em episódios dentro de outros modelos narrativos, como *A tomada do poder por Luís XIV* (1966) e *Berlin Alexanderplatz* (1980), dirigidos, respectivamente, por Roberto Rossellini e Rainer Werner Fassbinder, importantes nomes do cinema mundial.

Conclusão

Perceber que as narrativas audiovisuais de reconstituição histórica não são retratos da história, nem são explicativas de que os fatos e/ou momentos históricos "aconteceram assim", significa reconhecer a presença de um conjunto de mediações processadas por uma linguagem, desenvolvida por um determinado ponto de vista dado historicamente. Essa atitude se distingue da situação do espectador que busca, nos filmes e na produção televisiva com temática histórica, a revelação sobre o passado. A força desse desejo é intensa, assim como a busca pela realidade tal como ela era no passado e o encantamento por entrar em contato com tempos remotos. O olhar crítico distingue-se, contudo, desse movimento de total entrega às narrativas audiovisuais da história.

Para além da análise de seus conteúdos, filmes e programas de televisão são socialmente construídos e contêm estratégias narrativas e estéticas que precisam ser decodificadas. A busca pela verossimilhança, contida em grande parte da produção cinematográfica e televisiva, orienta-se para o apuro do tratamento cenográfico, dos figurinos, das pesquisas do cotidiano e do linguajar da época, somada em alguns casos a referências históricas com inserção de manchetes de jornais e noticiários de rádio e de televisão, além de cinejornais, com o objetivo de reproduzir os fatos e a vida no passado. Além disso, o discurso da memória, por definição seletivo, é construído com o olhar do presente e segundo suas intenções, e assim deve ser analisado.

A análise fílmica e televisiva pode ser transformada em documento para a pesquisa histórica ao articular, ao contexto histórico e social que o produziu, um conjunto de elementos intrínsecos à expressão audiovisual. Essa definição é o ponto de partida que permite retirar o filme do terreno das evidências: ele passa a ser visto como uma construção que, como tal, altera a realidade por meio de uma articulação entre a imagem, a palavra, o som e o movimento. Os vários elementos da elaboração de um filme ou programa de televisão — a montagem, o enquadramento, os movimentos de câmera, a iluminação, a utilização ou não da cor — são elementos estéticos formadores de uma linguagem criadora de significados específicos que transformam e interpretam o passado. O caminho trilhado pela narrativa dos filmes e dos programas de televisão sofre, assim, um movimento que lhe é próprio, bastante distante do conhecimento adquirido por outros meios e outras formas de escrita, não cabendo uma avaliação do que é mais ou menos verdadeiro. A linguagem audiovisual não se orienta para uma única direção e deve ser analisada em sua singularidade.

O conjunto de reflexões exposto neste livro pretende apontar para a complexidade do tema e para a ausência de um método de análise, se pensado como um manual para trabalhar com questões referentes às relações entre cinema, televisão e história. Defende, entretanto, a necessidade de enfrentar a linguagem do cinema e da televisão, em toda a sua diversidade, como forma de compreensão da escrita da história por narrativas audiovisuais.

Referências e fontes

Alguns trabalhos sobre os temas aqui desenvolvidos foram traduzidos para o português, mas a maior parte desta bibliografia encontra-se disponível em francês e inglês. A seguir, o detalhamento das fontes de referência do debate aqui proposto.

Marc Ferro escreveu vários livros e artigos sobre o tema cinema e história. Destacam-se seus primeiros escritos, realizados entre 1968 e 1977, como "O filme, uma contra-análise da sociedade?", incluído na clássica coletânea *História: novos objetos* (Rio de Janeiro, Francisco Alves, 3ª ed., 1988), coordenada por Jacques Le Goff e Pierre Nora, e o livro *Cinema e história* (Rio de Janeiro, Paz e Terra, 1992). A entrevista com Marc Ferro foi realizada por François Garçon e Pierre Sorlin e está publicada, sob o título "De Braudel à *Histoire parallèle*", na revista *CinémAction* (Paris, n.65, 1992).

Sobre a fotografia, ver *A câmara clara: nota sobre a fotografia* (Rio de Janeiro, Nova Fronteira, 1984), de Roland Barthes; e *O ato fotográfico e outros ensaios* (Campinas, Papirus, 1994), de Philippe Dubois. O conceito de "lugar de memória", de Pierre Nora, é desenvolvido num conjunto de livros de sua autoria intitulado *Les lieux de mémoire*, editado em Paris pela Gallimard entre 1980 e 1990. O artigo de

Matuszewski foi publicado na revista *Cultures* (Paris/Neuchâtel, Presses de l'Unesco/La Baconnière, vol.2, n.1, 1974). A referência completa do livro de Siegfried Kracauer é *De Caligari a Hitler: uma história psicológica do cinema alemão* (Rio de Janeiro, Jorge Zahar, 1988).

Para uma reflexão sobre o documento histórico, ver "Documento/Monumento", de Jacques Le Goff, em *Enciclopédia Einaudi* (Porto, Imprensa Nacional/Casa da Moeda, vol.1: *Memória e História*, 1984, p.102-3). A frase de Charles Samaran incluída no presente debate é citada por Jacques Le Goff em "Documento/Monumento" (p.98). A coletânea *The Historian and the Film* (Londres/Nova York/Melbourne, Cambridge University, 1976), organizada por Paul Smith, debate possibilidades de uso do material fílmico como fonte histórica e instrumento para o ensino.

Pierre Sorlin possui um único artigo traduzido para a língua portuguesa, transcrição de conferência proferida no CPDOC/FGV em 1993, cujo título é "Indispensáveis e enganosas, as imagens, testemunhas da história" (*Estudos históricos*, Rio de Janeiro, CPDOC/FGV, vol.7, n.13, 1994).

Autor de vários livros sobre o cinema europeu, em particular o italiano e o francês, com destaque para *European Cinemas, European Societies — 1939-1990* (Londres, Routledge, 1991), Sorlin voltou-se especificamente para a questão do filme na história em *The Film in History: Restaging the Past* (Oxford, Basil Blackwell, 1980). O trabalho interdisciplinar de Michele Lagny, Marie-Claire Ropars e Pierre Sorlin sobre o filme *Outubro* é discutido em "*Octobre*, quelle histoire", em *La Revue du Cinéma — Image et Son* (Paris, n.312, dez 1976, p.43).

Em relação à produção norte-americana, são relevantes os trabalhos de John O' Connor e Robert Rosenstone. Do primeiro, salientamos *Image as Artifact — The Historical Analysis of Film and Television* (Flórida, Robert E. Krieger Publishing Co., 1990). Do segundo, a coletânea *Revisioning History — Film and the Construction of a New Past* (Nova Jersey, Princeton University, 1995), além de *Visions of the Past — The Challenge of Film to our Idea of History* (Cambridge, Harvard University, 1995), e, mais recentemente, *History on Film/Film on History* (Edinburgh, Pearson Education Limited, 2006).

O tema da imaginação melodramática é abordado no livro de Peter Brooks *The Melodramatic Imagination: Balzac, Henry James, Melodrama and the Mode of Excess* (Nova York, Columbia University, 1985). Alguns artigos de Ismail Xavier, inseridos no seu *O olhar e a cena: melodrama, Hollywood, Cinema Novo, Nelson Rodrigues* (São Paulo, Cosac & Naify, 2003), também tratam do assunto. É o caso do importante texto sobre leitura de imagens "Cinema: revelação e engano", em que são debatidas a história e a teoria do cinema e a relação com o espectador. Sobre a discussão da realidade no cinema, ler "A respeito da impressão de realidade no cinema", de Christian Metz, em *A significação do cinema* (São Paulo, Perspectiva, 1972).

O trecho transcrito de Arnold Hauser foi tirado de *História social da arte e da literatura* (São Paulo, Martins Fontes, 1995, p.702-3). Sobre o conceito de "comunidade imaginada", de Benedict Anderson, ver *Nação e consciência nacional* (São Paulo, Ática, 1989).

Sobre a relação dos historiadores com o filme, inclusive como realizadores e/ou consultores, ver o livro de Christian Delage e Vincent Guigueno *L'Historien et le film* (Paris, Gallimard, 2004). Sobre questões ligadas ao uso de fontes audiovisuais na pesquisa histórica e ao debate metodológico em torno do tema história e cinema, indicamos o texto de Marcos Napolitano "Fontes audiovisuais: a história depois do papel", inserido no livro *Fontes históricas* (São Paulo, Contexto, 2005), organizado por Carla Bassanezi Pinsky. E também o artigo de Mônica Almeida Kornis "História e cinema: um debate metodológico", em *Estudos históricos* (Rio de Janeiro, CPDOC/FGV, vol.5, n.10, 1992).

A discussão sobre o lugar ocupado pelo cinema e pela televisão não apenas na representação do passado, mas na pesquisa histórica, é desenvolvida na coletânea *História e cinema: dimensões históricas do audiovisual* (São Paulo, Alameda, 2007). A publicação reúne textos de cerca de 20 pesquisadores brasileiros egressos das áreas de história, cinema e televisão, numa experiência interdisciplinar bastante singular, com organização de Maria Helena Capelato, Eduardo Morettin, Marcos Napolitano e Elias Thomé Saliba. O artigo de Eduardo Morettin incluído na coletânea, "O cinema como fonte histórica na obra de Marc Ferro", faz minucioso exame crítico do trabalho desse historiador. O de Mônica Almeida Kornis, "Ficção televisiva e identidade nacional: o caso da Rede Globo", examina a programação ficcional da Rede Globo do ponto de vista da construção de uma identidade nacional.

Sobre a análise de algumas minisséries focadas na história do Brasil recente e produzidas pela Rede Globo, consultar os seguintes artigos de Mônica Almeida Kornis: "*Agosto* e agostos: a história na mídia", incluído em *Vargas e a crise dos anos 50* (Rio de Janeiro, Relume Dumará, 1994), organizado por Angela de Castro Gomes; "Ficção televisiva e identidade nacional: *Anos dourados* e a retomada da democracia", em *Mídia e política no Brasil: jornalismo e ficção* (Rio de Janeiro, FGV, 2003), de Alzira A. de Abreu, Fernando Lattman-Weltman e M.A. Kornis; *Anos rebeldes e a construção televisiva da história*, na coletânea *40 anos do golpe de 1964: ditadura militar e resistência no Brasil* (Rio de Janeiro, 7 Letras, 2004); e "A Rede Globo e a construção da história política brasileira: o processo de retomada democrática em *Decadência*", em *A democratização no Brasil: atores e contexto* (Rio de Janeiro, FGV, 2006), organizado por Alzira A. de Abreu.

Para uma discussão mais geral sobre o tema, "Uma memória da história nacional recente: as minisséries da Rede Globo", de Mônica Almeida Kornis, na *Revista do Arquivo Nacional* (Rio de Janeiro, Arquivo Nacional, vol.16, n.1, jan-jun 2003).

Leituras recomendadas

Alguns livros sobre teoria do cinema podem ajudar a reflexão proposta neste livro, entre eles *As principais teorias do cinema*, de J. Dudley Andrew (Rio de Janeiro, Jorge Zahar, 1989); *Les théories des cinéastes*, de Jacques Aumont (Paris, Nathan, 2002); *O discurso cinematográfico: a opacidade e a transparência* (São Paulo, Paz e Terra, 3ª ed., 2005) e *A experiência do cinema: antologia* (Rio de Janeiro, Graal, 1983), os dois últimos de Ismail Xavier.

Questões ligadas ao fazer a história do cinema e discutir a história através dos filmes estão presentes em *De l'histoire du cinema — Méthode historique et histoire du cinema* (Paris, Armand Colin, 1992), de Michèle Lagny. Sobre a linguagem do cinema-documentário numa perspectiva histórica, indicamos *Espelho partido: tradição e transformação do documentário*, de Sílvio Da-Rin (Rio de Janeiro, Azougue Editorial, 2004). Sobre as relações entre antropologia e registros audiovisuais, mencionamos *Antropologia e imagem*, de Andréa Barbosa e Edgar T. da Cunha (Rio de Janeiro, Jorge Zahar, 2006).

Dentro de um conjunto de trabalhos sobre Hollywood e a história norte-americana, vale citar *A nação do filme: Hollywood examina a história dos Estados Unidos*, de Robert Burgoyne (Brasília, UnB, 2002), e a coletânea *Hollywood as*

Historian: American Film in a Cultural Context, organizada por Peter C. Rollins (Kentucky, University Press of Kentucky, 1983). A coletânea *The Persistence of History: Cinema, Television and the Modern Event*, organizada por Vivian Sobchack (Nova York/Londres, Routledge, 1996), contém artigos interessantes em torno de representação da história e identidade nacional no cinema e na televisão. Entre eles, destacamos "Subject Positions, Speaking Positions: from *Holocaust, Our Hitler* and *Heimat* to *Shoah* and *Schindler's List*", de Thomas Elsaesser.

Em relação à reflexão mais geral sobre mídia, indicamos *Dos meios às mediações — Comunicações, cultura e hegemonia*, de Jesús Martín-Barbero (Rio de Janeiro, UFRJ, 1997). Numa perspectiva mais direcionada à produção televisiva francesa voltada para a história, *Quand la télévision explore le temps: Histoire au petit écran*, de Isabelle Veyrat-Masson (Paris, Librairie Arthème Fayard, 2000). Discussões sobre gêneros ficcionais televisivos contribuem para o debate sobre o tema. No caso brasileiro, podem ser encontradas nos trabalhos desenvolvidos por Esther Hamburger, entre os quais *O Brasil antenado: a sociedade da novela* (Rio de Janeiro, Jorge Zahar, 2005). E também nos de Sílvia Helena Borelli, que, entre vários artigos e livros, publicou, em coautoria com Renato Ortiz e José Mário Ortiz Ramos, *Telenovela: história e produção* (São Paulo, Brasiliense, 1991).

Revistas de história e de cinema no Brasil e no exterior têm editado artigos voltados para a relação entre essas duas disciplinas. Citamos, por exemplo, *American Historical Review, CinémAction, Cinemais, O Olho da História, Cader-*

nos de Antropologia e Imagem, *ArtCultura* e *Imagens* (lançada pela Unicamp nos anos 1990), além das publicações anuais do *REcine — Revista do Festival Internacional de Cinema de Arquivo*, do Arquivo Nacional.

Uma análise do filme *Os inconfidentes*, de Joaquim Pedro de Andrade, inspira o livro de Alcides Freire Ramos *Canibalismo dos fracos: cinema e história do Brasil* (Bauru, Edusc, 2002). Com Jean-Claude Bernardet, o autor publicou *Cinema e história do Brasil* (São Paulo, Contexto, 1988).

Sobre a autora

Mônica Almeida Kornis é doutora em artes pela Universidade de São Paulo (USP), pesquisadora do Centro de Pesquisa e Documentação de História Contemporânea do Brasil da Fundação Getulio Vargas (CPDOC/FGV) e professora da Escola Superior de Ciências Sociais e do Programa de Pós-Graduação em História, Política e Bens Culturais da FGV. Iniciou seus estudos sobre as relações entre cinema, televisão e história na primeira metade dos anos 1990, e sua tese de doutorado teve como título *Uma história do Brasil recente nas minisséries da Rede Globo* Dentro desse campo de estudos, iniciou recentemente pesquisa sobre a escrita do regime militar no Brasil em narrativas audiovisuais do período democrático.

Coleção **PASSO-A-PASSO**

Volumes recentes:

CIÊNCIAS SOCIAIS PASSO-A-PASSO

O negócio do social [40], Joana Angélica Barbosa Garcia

Origens da linguagem [41], Bruna Franchetto e Yonne Leite

Antropologia da criança [57], Clarice Cohn

Patrimônio histórico e cultural [66], Pedro Paulo Funari e Sandra de Cássia Araújo Pelegrini

Antropologia e imagem [68], Andréa Barbosa e Edgar T. da Cunha

Antropologia da política [79], Karina Kuschnir

Sociabilidade urbana [80], Heitor Frúgoli Jr.

Pesquisando em arquivos [82], Celso Castro

Cinema, televisão e história [86], Mônica Almeida Kornis

FILOSOFIA PASSO-A-PASSO

Estética [63], Kathrin H. Rosenfield

Filosofia da natureza [67], Márcia Gonçalves

Hume [69], Leonardo S. Porto

Hannah Arendt [73], Adriano Correia

Schelling [74], Leonardo Alves Vieira

Niilismo [77], Rossano Pecoraro

Kierkegaard [78], Jorge Miranda de Almeida e Alvaro L.M. Valls

Filosofia da biologia [81], Karla Chediak

Ontologia [83], Susana de Castro

John Stuart Mill & a liberdade [84], Mauro Cardoso Simões

Filosofia da história [88], Rossano Pecoraro

Teoria do conhecimento [91], Alberto Oliva

PSICANÁLISE PASSO-A-PASSO

Psicanálise com crianças [75], Teresinha Costa

Feminino/masculino [76], Maria Cristina Poli

Cinema, imagem e psicanálise [85], Tania Rivera

Trauma [87], Ana Maria Rudge

Édipo [89], Teresinha Costa

A psicose [90], Andréa M.C. Guerra

A angústia [92], Sonia Leite

Educação e psicanálise [93], Rinaldo Voltolini

Os outros em Lacan [94], Antonio Quinet

A paixão [95], Marcus André Vieira

Histeria: o caso Dora [96], Nadiá Paulo Ferreira e Marcus Alexandre Motta